# 中國歷史大冒險①

## 神話年代

方舒眉　著

馬星原　繪

新雅文化事業有限公司
www.sunya.com.hk

# 目錄

### 每回附有：歷史文化知多點

# 輕輕鬆鬆閱讀歷史!

中華民族是一個古老的民族;中國歷史上下五千年,堪稱源遠流長。整部民族的歷史,是我們集體的過去,是我們祖先的奮鬥歷程,是我們所以有今天的因果。鑑古知今,繼往開來,不認識自己的民族歷史,猶如無根的植物,是不行的。

讀歷史,要有方法。以漫畫作媒介,以圖像說故事,可以輕輕鬆鬆地閱讀歷史。只要小孩子主動地拿起來看,他就會認識了盤古初開、三皇五帝、夏商周以至唐宋元明清……雖然只是一個梗概,但心中埋下了種子,以後不會對歷史課感到枯燥乏味,這就是我們的目的了。

本系列前稱《歷史大冒險》(中國篇),自 2008 年出版以來,一直深受孩子喜愛。如今重新出版,並豐富其內容:在漫畫底部增設「世界歷史透視」時間線和「中外神話 / 歷史大比照」,讓孩子通過比較中西方發展,以更宏觀的角度學習歷史;每個章回後亦設有「歷史文化知多點」,介紹相關朝代的知識,並設有「想一想」的開放式問題,以培養孩子的獨立思考。希望孩子在輕鬆看漫畫之餘,也能得到更充實的歷史知識。祝各位讀者享受這次歷史之旅!

方舒眉

# 登場人物

## Q 小子
活潑精靈，穿起
戰衣後戰鬥力強。

## 神龜
本來是遠古海龜，現
與 Q 小子和 A 博士一
起穿梭古代。

## A 博士
歷史知識廣博，發明
了「中國歷史大冒
險」的時光網絡。

## 盤古氏
傳說中開天闢地的神
祇，死後其身軀化為
天地萬物。

## 女媧
傳說中人類的始祖，
以黃土造人，並煉石
補青天。

**伏羲氏**

相傳與女媧同為人類
始祖，是三皇之一，
創造了八卦。

**蚩尤**

九黎族的首領，勇猛
善戰，但在涿鹿之戰
中被黃帝擊敗。

**黃帝**

軒轅氏部落的首領，
是五帝之一，先後擊
敗炎帝和蚩尤。

**炎帝**

神農氏部落的首領，
相傳教民耕種，發明
草藥。

**禹**

以治水的功績著稱於
世，並獲舜傳位。

**益**

相傳曾獲禹禪位，但
最終被啟奪取天下。

**啟**

禹的兒子，開創了王
位世襲的夏朝。

# 時代簡介

　　地球上有人類活動的歷史，估計已有幾百萬年，但有文字記載的，只有五千多年。再之前的，只靠先民口耳相傳，這些一代又一代所流傳的故事，經過加枝添葉，漸漸變成了神話。

　　每一個民族都有自己的神話，當中往往藏有該民族的歷史痕跡，中國的神話也不例外。我們閱讀神話，雖不能將其看作正式歷史，但從神話故事之中，也會得到一些啟示。

# 盤古初開

救命呀！怎麼辦啦！

Q小子，發生什麼事啦？

A博士，明天要考中國歷史！

我完了！

瘋了一樣又有什麼用？趕快溫習才是應做的事嘛！

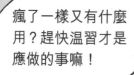

溫習？

你又不是不知道，當我打開書本……

我就會火速睡着！

算你夠運氣，我剛寫好了這個程式！

21世紀教學網絡之——

「中國歷史大冒險」……

出發！

| 中外神話<br>大比照 | 根據希臘神話，世界也是開始於混沌，然後在空虛中出現大地女神蓋亞和其他的主要原始神。 |

直至天和地相距九萬里，盤古就完成開天闢地的任務了！

之後，他就死了。傳說他的左眼變成太陽，右眼變成月亮，身體變成高山，血液變成江河湖泊。

你們說誰死了啊？

他說你死了啊！

中外神話
大比照

在巴比倫神話中，母神提阿瑪特被擊倒後，她的身軀同樣被眾神拿去創造了天地和星辰雷雨。

動手！

謝謝你救了我們！

我們有智慧的生物要團結起來，才不會被怪獸欺負！

這裏是我們的居所！

有巢氏不是住在樹上的嗎？

對呀！書上說，人類為了防止其他動物的侵襲，有位智者發明了在樹上築巢，後世尊稱他為「有巢氏」。

也許我們來早了，他們仍未進化到這個程度。

好吧！讓我來教導他們！

你們住在洞穴裏，還是很不安全的啊！

有別的好主意嗎？

這株參天古樹，正合我意！

你說我們可以像雀鳥一樣住在樹上？

不錯！

只要你們聽本工程師的吩咐，如此如此，這般這般……

報告！我們的「巢」造好了！

謝謝你！我們以後睡覺時，再也不用擔心被野獸偷襲了！

下一個歷史冒險又是什麼呢？

有巢氏解決了住的問題，接着就是燧人氏出場了。

人類茹毛飲血，把細菌也吃進肚子裏，容易生病。

這些肉，燒過之後超級美味！

嘩！吃得太多，肯定會拉肚子！

終於有一天，雷電交加，森林發生大火。火災過後，遍地都是慘被燒死的小動物……

後來他們發現，被火燒過的肉，不但味道香，吃了更不會拉肚子。

只要我們保存這個火種，以後就可以烤肉吃了！

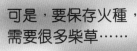

可是，要保存火種，需要很多柴草⋯⋯

稍一不慎，火種就會熄滅⋯⋯

火種太旺，又容易發生意外！

他們就想，如果可以在需要時才生火就好了！

要鑽木取火嗎？來示範一下吧！

以硬木在乾木上鑽，在摩擦下會生出點點火星。

中外神話大比照　在希臘神話中，火種是由普羅米修斯從奧林帕斯山偷取並帶到人間的，結果他被天神宙斯懲罰。

# 歷史文化知多點

## 中國的遠古神話

### 盤古氏開天闢地

　　盤古氏的神話傳説有很多不同的版本，但歷來都認為他是開天闢地的始祖。現存最早的文字記載見於三國時徐整所著的《三五曆記》和《五運曆年紀》。

　　天地初時一片混沌，有如一隻雞蛋，而盤古生於其中。經過一萬八千年後，天地分開，天每日高一丈，地每日厚一丈，盤古也每日長一丈。如是者又過了一萬八千年，天極高而地極深，盤古也成了頂天立地的古人，所以天地之間相差九萬里。

　　盤古氏死後，他的身軀化為萬物，吐出的氣變成風和雲，聲音變成雷鳴，左眼變成太陽，右眼變成月亮，四肢五體變成東、南、西、北四極和五嶽，血流化成江河，筋脈化成了山脈，肌肉成為田土，頭髮成為星辰，皮膚成為草木，牙齒、骨頭變為金屬和石頭，精髓成為珍珠和美玉，流下的汗水變成潤澤大地的雨露，寄生身上的各種小蟲，在風的吹拂之下，成為黎民百姓。

## 有巢氏樹上造屋

有巢氏的傳說在戰國時期的古籍《莊子》上有記載。古時人類少而禽獸多。人類居住在地面，遭受禽獸襲擊的機會甚多，經常都出現傷亡及危險的事件。

一位智者受鳥類在樹上築巢所啟發，發明了「巢居」，人們從此告別那些擔驚受怕的日子。為了感激這位發明巢居的人，他們便推舉他為部落酋長，並尊稱他為「有巢氏」。

## 燧人氏的兩大發明

據古史記載，燧人氏不僅發明「鑽木取火」，還發明了「結繩記事」。那時候人類還沒有發明文字，燧人氏用柔軟而有韌性的樹皮搓成細繩，將數十條細繩排列整齊地懸掛在一處後，在繩上打結記事，大事打大結，小事打小結。

隨着要記的事情越來越多，燧人氏又以植物的天然色彩，把細繩染成繽紛各色，每種顏色分別代表一類事物，使所記的事情更加清楚。

**想一想**

你認為中國的神話與世界各地的神話有沒有相似之處呢？

第一回

女媧補天

快走！他們要擁立我們為王啦！

嘻！這又有什麼不好呢？

當然不好！當你嘗過做君主的滋味，就不願回到現實世界去呢！

嘩！好熱！這又是個什麼鬼地方?!

這麼熱的原因，是因為天空穿了一個洞……

那怎麼辦？

可以找人來補洞嗎？

我們來到這裏，正是要見識「女媧補天」呀！

女媧是誰？

一位女神！

啊！一定是位漂亮的女神！

恐怕你會大大的失望了！

根據傳説，女媧和她的哥哥伏羲氏都是人頭蛇身的！

還有，女媧與伏羲氏的畫像構圖相當耐人尋味！

有什麼特別呢？

我用投影機展示給你看看。

這幅帛畫是約公元7世紀至10世紀的作品，在新疆出土。

請注意他們的尾巴，還有旁邊那些連在一起的小圓圈，你覺得像什麼呢？

不知道！

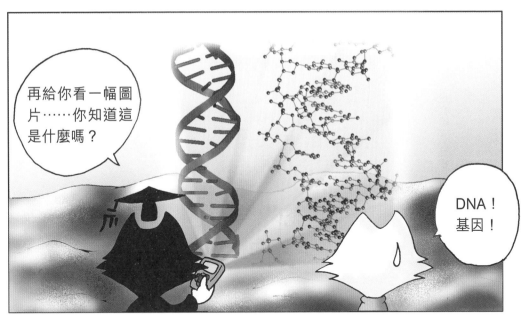

中外神話 大比照 女媧用黃土造人，而在馬雅神話中，創世主則用粟米磨成粉造人。

放心吧！我設計這虛擬世界的影像時，已考慮到這一點……不用怕，女媧會是位非常美麗的女神！

啊！你看那邊！

女媧姐姐！

是誰？

親愛的女媧姐姐呀！小生名叫Q小子！

你在捏泥人嗎？我來幫你一起造人吧！

我説錯了什麼話呢？

看清楚了，我捏的是一隻雞！

嘿！你剛才説的資料有誤！她不是在造人！

不！我只是漏了説，女媧造人之前，先造了「六畜」。

六畜依次為：雞、狗、豬、羊、牛、馬。

**中外神話大比照** ▶ 在印度科爾庫人神話中，濕婆神先用泥土各製造了一個男人和女人，然後造了狗來保護他們。

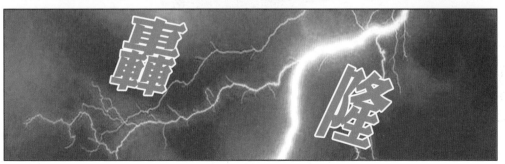

嘩！神話故事裏有這個場面的嗎？

有的！

你別擔心，根據故事，女媧最終會把黑龍斬殺！

還等什麼？快把超級戰衣拿出來！

我來啦！

好像沒那麼簡單！

嘻，幸好把戰衣帶來了，正好派上用場！

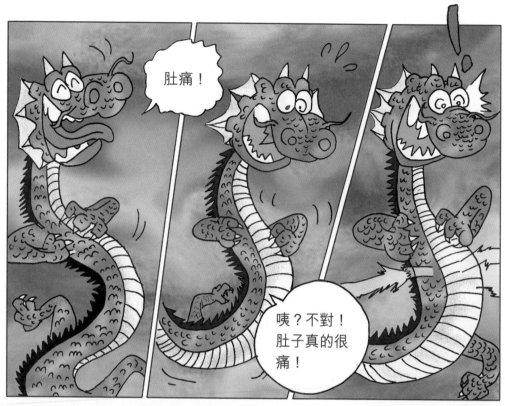

中外神話
大比照

女媧成功消滅黑龍，但在北歐神話中，諸神並非無敵，他們最終敗給了巨人。

## 創造人類的女媧

### 女媧是否真有其人？

據古籍記載，女媧是中國神話傳説中的一位女神，也是在大地上創造人類、化育萬物的原始母親。

古時候出現天崩地裂，女媧煉五色石補蒼天，這個故事很多人都聽説過，但關於女媧是否真有其人就一直是個謎。

1980 年代，考古學家曾在遼寧省朝陽市的牛河梁遺址發現了一座女神廟，該處位於原始社會末期的紅山文化遺址。考古人員在廟中出土了一個與真人同樣大小的泥塑女神頭像及其他泥塑女性羣像殘體，又在附近地方發掘出其他的人頭骨、彩陶片和冶銅片。這些黃土塑像都讓人聯想到女媧捏黃土造人的故事。有專家推測，女神廟可能是古人崇拜女媧的證據。

### 祭祀女媧

後世一直有拜祭女媧的傳統。在今天，甘肅省隴城鎮有一座女媧祠，人們會參與一年一度的祭祀，活動包括吹奏祭樂、敬獻三牲、鳴鐘擊鼓等，以示對女媧的尊崇。

女媧祠由來已久，據明代及清代記載，最早的女媧祠在隴城對面的山上，建於漢代之前，至今已經有二千年的歷史。原本的女媧祠遭受天災戰火毀壞，現今的祠廟是於 1989 年重建。

### 女媧與母系社會

女媧的神話和傳説，展示了上古時代母系社會的特徵，而女媧可能是母系團體或氏族的著名首領。

在母系社會，羣體生活是以女性為中心。女性到了生育年齡，跟族外男子交配，所生的子女跟隨母親，因此常有「民知其母，不知其父」的情況。中國進入父系社會時，仍有部族以女媧為姓，反映母系在當時的社會變遷中仍有一定的地位。

時至今日，世上仍有一些部族維持着母系社會，例如中國雲南摩梭人「女兒國」、美國的納瓦侯族和印尼的米南佳保族等。

**想一想**

古代中國從母系社會變為父系社會，女性的地位會有什麼改變呢？

# 第二回

# 伏羲八卦

天補好了，洪水退了，我們也要走了麼？

我們仍未拜會伏羲氏呢！

他是我的哥哥，也是我的丈夫！

既是哥哥又是丈夫？可以這樣的嗎？

別忘了這是遠古時代，跟現代的觀念是不一樣的！

傳說中的伏羲氏，是一個多才多藝的領導者。他開創了畜牧、文字、天文、地理、烹調和禮儀等各方面的文化和技術。中國文化裏一個重要的符號——八卦，也是由充滿智慧的伏羲氏所發明。

中外神話大比照 ▶ 在古巴比倫神話中，水神恩基傳授人類灌溉、貯存穀物以及醫藥的知識，使人們得以存活。

八卦？是八卦周刊麼？

正經點！八卦是中國古代的基本哲學概念。

哦，這就是八卦的符號？

對！

很難記憶的符號！

不難！古人朱熹編寫了一首《八卦歌》，使人容易記得這些符號⋯⋯

乾*三連（☰），坤六斷（☷）。
震仰盂*（☳），艮*覆碗（☶）。
離中虛（☲），坎中滿（☵）。
兌上缺（☱），巽*下斷（☴）。

*乾，粵音虔；盂，粵音如；
艮，粵音斤；巽，粵音信。

中外神話
大比照
海龜也在美洲印第安人神話中出現，傳說一個女子在洪水滔天時坐在大海龜的背上尋找陸地。

51

A博士快
想辦法！

有了！

你要海龜的四足，
我可以造給你！

造？怎
樣造？

總之我有辦法，
我來包辦這事，
過幾天就給你四
條龜足！

肚子餓了，
我們回去弄
點吃的吧！

中外神話大比照　戴歐尼修斯是希臘神話中的酒神，他教導農民種植葡萄樹、釀葡萄酒。

我們是否帶着海龜溜之大吉？

不！不可以破壞神話裏的情節。

那怎麼辦？難道真的砍下牠的四條腿？

當然不！你去收集牠的DNA，然後交給我！

把DNA樣本放入培育膠囊裏，然後按動時光網絡……

嘩！即將出現四隻會走來走去的龜腳，真恐怖！

放心吧！不是你所想像的……

噢！四根龜腿骨！

你可以用它們來完成歷史任務了！

再見！

我們下一站是：黃帝大戰蚩尤！

**中外神話大比照** 在墨西哥神話中，洪水曾淹沒世界。四位神祇為了不讓天空崩塌，化為大樹舉起天空。

# 歷史文化知多點

## 人類始祖伏羲氏

### 伏羲氏誕生的傳說

伏羲氏是三皇之一，與女媧同被尊為人類始祖，傳說與女媧一樣，蛇身人首。他的出生來自一個動人的古老傳說。

古時候，中國有一處樂土名為華胥國（胥，粵音須），那裏有一位美麗的姑娘叫諸英。在一個風和日麗的日子，諸英在郊外散步，忽然發現水潭邊滿布巨大的腳印。諸英心想：「能擁有這麼大的腳印，這個人一定非常高大呢！」

她好奇地踏進那些巨大的腳印中，剎那間祥光四起，一道彩虹從天而降，包圍着她，原來是天神與諸英結了胎氣。在懷胎十二年後（一說是十六個月），諸英生下伏羲氏，並帶着他離開華胥國，前往成紀（今甘肅省秦安縣）定居。

伏羲氏是神的兒子，生性敦厚，很有智慧。在他十四歲那年，人民推舉他接替祝融氏，成為共主。人民尊奉他為「太昊」（昊，粵音浩），即與日月同輝的意思。

▲ 唐代帛畫《伏羲女媧圖》

## 太昊陵

在河南省淮陽縣城北 1.5 公里處，有一座規模宏大的「太昊陵」，據說是伏羲氏的陵寢。

相傳太昊陵在春秋時代已建成。在現存的古碑中，年款最早的古碑是「御碑亭」，立於明代正德八年（1513 年），碑上寫有「洪武四年」。

「洪武」是明太祖朱元璋的年號。傳說朱元璋未得天下時，曾在這處打敗仗。他被敵軍追趕，孤身一人逃到伏羲氏的小廟躲避。

朱元璋暗中向伏羲氏禱告，承諾當了皇帝之後會重修廟宇，希望伏羲氏能保佑他逃過此劫。當他祈禱完畢，一隻蜘蛛馬上在門上結網。敵軍來到廟前，看見門上的蜘蛛網，推斷無人在內，於是便追向別處，使朱元璋能夠逃生。後來，朱元璋建立明朝，便在洪武四年派人重修太昊陵。

▲ 太昊陵

## 八卦與現代文明

　　相傳伏羲氏除了教民結網、漁獵畜牧外，還創作了八卦。八卦最初用作占卜，人們可以通過八卦推演出許多事物的變化，及預測事物的接續發展。八卦更衍生出《易經》，是華夏文明中一部重要著作，而近代的求籤和擲杯等占卜法，都受到八卦的影響。

　　此外，據說八卦對西方二進制的發明也有貢獻。德國數學家萊布尼茲受到八卦「兩儀、四象、八卦、十六、三十二、六十四卦」的啟發，發現了「二進位」的數學方法，而現代的電腦運算就是以二進位來進行，可見八卦對現代文明有着極為關鍵的影響。

### 想一想

中國有不少發明都比西方早出現，你能舉出一些例子嗎？

第四回

戰神蚩尤

這裏就是黃河，中華五千年的文化就是在這裏孕育……

我們即將可以見到中華民族的祖先——黃帝？

歷史上的神話，是沒有確切的年代的。不過，相信從伏羲氏、女媧到黃帝之間，應相隔很長的一段日子……

所以，還是要啟動時光網絡直接到黃帝的年代去！

約在五千多年前，中國黃河、長江流域一帶聚居了許多氏族和部落，而黃帝是其中一個部落的領袖。

出發！

時候還未到呢！當時另一位部落炎帝的勢力也很大，而他們的共同敵人則是另一位部落領袖——蚩尤。

黃帝不是所有部落的共主麼？

你好！你就是黃帝嗎？

誰？

我是鼎鼎大名的蚩尤！

糟了！

來錯了敵營，怎麼辦？

快走！

既來之，則安之。讓我來勸勸他吧！

蚩尤先生，你聽我說，你是打不過黃帝的……

還是趁早收兵吧！

哈哈！黃帝那小子怕輸，竟然派一隻臭貓來胡說八道一番！

我可不是胡說八道！我這樣說是有證據的！

就拿你最擅長的妖霧攻擊來說吧……

我們就有破解之法！

助手過來，講解一下霧是怎樣形成的！

助手?!

65

霧是懸浮於空中的微細水滴所組成的。

霧的形成要有兩個基本條件……

1. 暖濕的空氣下降至地面較冷的表面；
2. 空氣遇冷飽和，水汽凝結為水滴，就會形成霧了。

冷空氣＋濕度高＝霧

驅散霧的方法其實很簡單：太陽出來後，地面溫度逐漸升高，小水滴便會被蒸發而上升。這時候，霧便會消散！

難道你可以召喚太陽出來麼？

當然不能！

哈哈哈，笑壞人！說了半天廢話，其實破不了我的妖霧！

我們雖然不能驅散妖霧，但我們有不怕迷路的指南車！

未聽過這東西啊，究竟是什麼玩意？

很簡單，一輛永遠指向南方的車子！

**中外歷史大比照** 約公元前 3000 年，美索不達米亞的蘇美爾人發明了車輪，製造了馬車和戰車。

……
……

哼！

哈哈哈？

我明白了！都是這兩隻臭貓搞的鬼，把你們拿下來，黃帝就只能束手就擒了！

來人！

助手，快來呀！

快來什麼？

他那半人獸的八十一個兄弟！

超級戰衣呀！

唏！派一個營養不良的傢伙來跟我作戰？太小看我了！

竟敢說我營養不良?!

好兄弟，我們一起上！

嘩！雙拳難敵四手，好漢不吃眼前虧！

走吧！

哈！這海龜一點都不慢呢！

到了水中，就更加安全了！

上岸了！

唏，一會兒黃帝跟蚩尤大戰會很危險，你不要跟着我們。

不要這樣嘛，牠很捨不得我們呢！

可是這海龜體積太大，帶着牠四處走，很不方便！

有沒有使牠變小的方法？

有辦法！DNA改造槍！

這樣，牠就會立即變小麼？

不！牠還需要時間進化！

# 歷史文化知多點

## 中國的遠古部落

### 遠古社會組織的演進

　　遠古人類進入農耕時期，初時以血緣關係密切的氏族社會結構聚合，之後發覺團結起來才不致受到外來侵略，於是由多個血緣相近的氏族結合而成「部落」。氏族首領共同推選一位酋長作領袖，而部落也稱之為「國」，當然這些「國」跟現代泛指的「國家」是有分別的。

　　部落之間也會有競爭、矛盾，亦難免有戰爭。古代戰爭通常是人多者勝，於是部落與部落之間結成部落聯盟，統領聯盟的就是「共主」。

◀ 血緣相近組成氏族

▲ 血緣相近的氏族組成部落

▲ 各個部落結合而成部落聯盟

## 遠古部落與少數民族——苗族拜蚩尤

蚩尤是遠古傳說中九黎部落的首領，相傳也是中國少數民族苗族的祖先，在苗族心目中享有崇高地位。直到今天，在苗族的風俗中仍保留許多崇拜蚩尤的活動。

傳說蚩尤率領苗人迎戰黃帝，兵敗之後被逼退入深山。為了召集各方的苗人前來支援，並激勵士氣，蚩尤在高高的木桿上繫上腰帶，吹起蘆笙，使男女青年繞着木桿高歌跳舞，熱鬧的氣氛鼓舞了苗人，於是他們重整旗鼓，再度投入戰鬥。後來苗族以這種定期的歌舞盛會，作為他們的傳統節日之一。

想一想

古代的部落之間為什麼會發生戰爭呢？

第五回

軒轅黃帝

到哪兒去找黃帝呢？你肯定是這方向嗎？

錯不了！涿*鹿之戰是很有名的。

我跑得慢，在戰場上會非常危險……

你也戴上戰鬥頭盔、手套和靴子吧！

*涿，粵音啄

為保安全，我們全部都換上超級戰衣！

嘩！

來者何人？

你們是黃帝部族吧？我們是來幫忙的！

我就是黃帝！但我不認識你們，怎知你們是不是蚩尤派來的奸細？

鼎鼎大名的白貓黑貓都不認識？太過分了！

首領，我知道他們是誰！

還是你這小子有眼光！

他們貓頭人身，不問而知他們就是——

就是——

半獸人！

太過分！

我告訴你，我是能知過去未來的Q小子，他是我的助手A博士。

我特來警告，蚩尤會使用妖霧……

剛說就到！

霧，忽然從四方八面而來……

這樣下去，我們一定會全軍覆沒的，怎麼辦？

風后！

是！

你有何良策？

蚩尤位於南方，只要我們找到正確方向，就可向他反擊！

是指南車出場的時候了！

指南車？是什麼東西？

很簡單！我的助手很樂意向你講解一下。

地球是一個大磁體，南北兩極就是地球兩端的磁極。

而天然磁石會受磁力影響，從而指示出磁場的方向。

我設計的指南車可分辨出南北，也就能把蚩尤找出來。

沒有聽懂！

好吧，風后，你去協助他們製造指南車！

遵命。

*注：A博士利用磁石製作指南車，而歷史上所仿造的指南車，則是運用機械原理，以齒輪機關使指南車上的木人指向南方。

妖霧一定會令黃帝陷入迷陣，我今次必勝了！

轟轟隆

這一仗直打得山搖地動，日月也無光。最後，黃帝軍隊大敗蚩尤。

蚩尤戰敗後，遁入苗山；黃帝受各部落擁戴為首領，也成為中華民族的祖先。

見識了這重要的戰爭，到下一站去吧！

中外神話大比照　在希臘神話中，怪物堤豐把眾神打得逃到奧林帕斯山，但最終宙斯在巨人的幫助下成功戰勝堤豐。

90

我叫刑天,是炎帝的手下,阪泉大戰已經結束,我們戰敗了。

戰敗後他心有不甘……

刑天!

黃帝,你為何要驅我部族,毀我家園?

捉刺客！

刑天意圖傷害首領，斬！

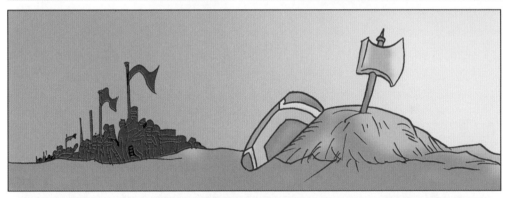

我憑着頑強的意志，終於破土而出。雖然失去了頭，但仍能活下來！

你真堅強啊！

原來你不是鬼……

刑天。

啊！首領！

你就是那被稱為神農氏的炎帝？

中外神話大比照 ▶ 在北歐神話中，雷神索爾用他的鎚擲中了巨蛇的頭，但最後他也因為身中蛇毒而失去生命。

我現在只是普通百姓，你也不用行大禮了！

首領！請你不要氣餒！

我們一定會重奪江山！

哈哈！所謂「江山」，我已覺得不重要。

戰敗之後，我反而有更多時間潛心研究醫藥與農耕之術。

這才是有益於我們萬世子孫，值得去做的事情啊。

若人人都像你，就天下太平了！

神農氏，原來你是一個人，我還以為你是一條龍，叫做「神『龍』氏」呢。

唉，可惜遲了！想起阪泉大戰一役，我就後悔。

想當初，由黃帝帶領的姬姓部落，與由我炎帝帶領的姜姓部落本來相處得十分融洽……

但經過長期繁衍，人口漸多，開始出現爭奪土地和物資，最後兩族在阪泉進行激戰……

現在回想起來，除了開戰之外，應該還有更好的解決方法。

不過都過去了。我決定好好研究農耕與醫藥……

造福萬民百姓！

# 歷史文化知多點

## 華夏民族的祖先——黃帝

### 誰是三皇五帝？

中國建立王朝前，出現了「三皇五帝」，他們是傳說中的「帝王」，即是上古時代部落聯盟的共主。

按照史書和神話的記載，一般認為三皇所處的年代早於五帝。三皇五帝指的是誰，歷來有不同說法，其中一說三皇是燧人氏、伏羲氏、神農氏，而五帝則指黃帝、顓頊（粵音專旭）、帝嚳（粵音谷）、堯、舜。

傳說炎帝、黃帝都是傑出的部落領袖。炎帝本來是神農部落的首領，各部落聯盟的共主，但當時勢力衰弱不振，而黃帝和伏羲部落有密切的傳承關係，後來黃帝統一各部落，取代炎帝成為天下共主，是為五帝之首。五帝時代以後，中國便進入夏、商、周的王朝時代。

## 黃帝姓什麼?

　　相傳黃帝出生於軒轅之丘,故以「軒轅」為氏,又因在姬水這個地方長大,所以又以「姬」為姓;後來他在有熊建立國家,故又稱「有熊氏」。他以土德為王,土是黃色,所以被稱為「黃帝」。

## 炎黃子孫的由來

　　黃帝打敗了蚩尤,各部落紛紛擁護他為首領。後人認為黃帝是華夏族的始祖,自己是黃帝的子孫。又因炎帝一族和黃帝一族本是近親,後來又融合在一起,所以我們也常常自稱為「炎黃子孫」。

　　為了紀念這位傳説中的祖先,後人還在陝西省黃陵縣北面的橋山上造了一座「黃帝陵」。

### 嫘祖的故事

在黃帝時期，養蠶、舟車、文字、音律、醫藥、算數都先後發明，他的功勞為後世所稱許，被尊為華夏的「人文初祖」。

黃帝的妻子嫘祖也是開創華夏文明的重要一人，民間尊稱她為蠶母娘娘。據說嫘祖非常勤勞，是中國教民養蠶繅絲的創始人。

人們本來不知道蠶的用處，嫘祖教婦女養蠶、繅絲、織帛，後來就有了絲和帛，可以用來製造衣裳。相傳巴蜀地區的蜀民善於植桑養蠶、取絲紡織，與嫘祖的教導有關。

嫘祖為人類解決穿衣的問題，為人類社會的文明帶來了進步，因此被後世尊為「先蠶」。嫘祖的故事一直傳誦至今，成為千古佳話。

## 想一想

黃帝時期的發明如何改善當時人們的生活？

# 第六回

# 大禹治水

我們不是「着陸」，是掉進水裏去了！

水怪！

怪不得洪水為患，原來是這些水怪在搞鬼！

殺！

*鯀，粵音滾

我告訴你，你治水只靠一招「堵塞法」，是不會成功的！

胡說！何方神聖，竟敢批評我？

老先生，你別動怒，請心平氣和地聽我助手解說吧！

所謂「堵塞法」，就是在洪水泛濫的地方築高堤壩，以阻擋洪水。

中外神話
大比照

根據《聖經》記載，上帝要用洪水毀滅大地，只讓善良的挪亞製造方舟，與家人避過災難。

我已致力研究及改良，以建造更堅固的堤壩！

即使堤壩夠堅固，但若洪水高於堤壩，低地還是會遭受洪水淹沒。

更糟糕的是……

水退了，堤壩內的水卻被困，反而成了人工湖！

鯀大人，別聽他胡說八道，我看他們九成就是興風作浪的水怪！

大事不妙！看來又要啟動時光網絡，逃之夭夭了！

唉！

天啊！為什麼總是治不好洪水呢？

你……你們是什麼人……噢不……是什麼怪物？

哈囉！

説來話長，你是堯帝嗎？

不是，我是堯帝的繼任人，舜！

哦？

這個時光網絡需要維修一下了！

他是堯帝的繼任人，那即是堯帝的兒子嗎？

不是的，把帝位傳給兒子或皇室近親的是「世襲制」，也是人類歷史上最常見的傳位方法。

但那是後來才有的制度，堯舜時代行的是「禪讓制」。

舜，共主之位由你繼承，天下百姓都託付予你。希望你不負眾望，把好日子帶給人民吧！

我會竭盡所能的了！

而堯帝傳位給賢能的舜,這傳位方法稱為「禪讓」。

握手?

能把你的博士名銜「禪讓」給我嗎?

嚙嚙嚙嚙

快走!又決堤了!

仍然是鯀大人負責抗洪工作麼?

除了他之外,還有誰可以做?

不如你起用他的兒子禹試試吧……

喂！怎麼這就走了啊？

禹是鯀的兒子，自小就跟隨父親四處治水。

禹大人，舜帝特使來向你傳話。

舜帝派你接手治水，只許成功，不許失敗，你不要再用老方法了。

開鑿支流，更可以用來灌溉農田。

我助手的講解，你明白了麼？

明白了！立即就去做！

禹辛苦奔波了十三年，終於把洪水治理好。

我們要跟他一起苦幹十三年麼？

哈！我們哪有時間呢？還是用時光網絡跳過吧！

多説一點禹的事跡來聽聽吧！

據説禹剛娶妻，成親四天就離家治水去。

113

中外神話
大比照

在印度神話中，苦行僧摩奴救了一條由神化身的
小魚，小魚告知洪水將至，指引他造船逃難。

都喜歡!

什麼?卡通人物服裝?

努力啊!你最終會成功治水,舜帝還會禪讓共主之位給你。還有,你更開創了夏朝,被稱為「夏禹」。

另外,人們也恭稱你為大禹,「大」即偉大的意思。

我恭稱你為大Q——大大的阿Q!

再見啦!

我們又到別處旅行去了!

# 歷史文化知多點

## 治水之難

### 治理洪水的方法

堯帝時期，堯命鯀治水，鯀用「堵塞法」，即是設置河堤防水，但此法卻使水位越高，決堤時更一發不可收拾。

至舜帝時，舜把鯀流放，命鯀的兒子禹接手治水。禹改用「疏導法」，疏導河道兼開闢新支流，順便灌溉農田。經過十三年的治理，終於清除了洪水的威脅。禹治水有功，人們因此尊稱他為「大禹」。

禹治水期間更有一個膾炙人口的故事，就是他為了工作，三過家門而不入，公而忘私的精神令人景仰。

大禹治水的歷史古跡遺址，在華夏大地上多處可見，亦有以他為名的「大禹廟」，讓大禹接受後人的恭奉紀念。

### 開鑿龍門山

大禹治水，歷盡艱辛。當時，黃河中游有一座大山，名叫龍門山。這座山把河道擠得十分狹窄，河水的去路受到阻擋，常常溢出河道，形成水災。

大禹前往龍門山觀察地形，發現南坡峭壁下是一片廣闊的山谷。於是他帶領民眾開鑿龍門山，把這座大山鑿開一個大口子，讓河水順着山谷流走。這樣，河水才能暢通無阻。

### 黃河水患

黃河，因含沙量大，水濁而黃，故名「黃河」。黃河是中華民族的「母親河」，孕育了中國早期的農業文明，但自古以來，黃河的水患使中國人對她愛恨交纏！在過去有史記載的兩千多年間，黃河平均每三年決堤兩次，每百年出現一次河流大改道。決堤造成氾濫，而改道造成的「斷流」則導致乾旱，兩者同樣使農民無以為耕，流離失所。

雖然大禹當時成功治水，但後來歷朝仍面臨黃河水患，須致力興修水利。在近代，中國政府亦進行多次大型的水利工程，建設水庫，減少水災出現。

**想一想**

大禹為了治水而「三過家門而不入」，你認為他這樣做對嗎？如果你是大禹，你會如何選擇？

第七回

結束禪讓

他幹了什麼壞事？

我們現在身處大禹當了共主之後的數十年，我帶你去見一個人。

箕山

喂！有人嗎？益在嗎？

你好，我是A博士……

他是Q小子。

我是神龜！

我可不認識你們。

我倒認識你，你就是大禹要禪位的人選！

我就是益，找我有何貴幹？

你有沒有弄錯？他要接替大禹做共主，那躲在這深山裏幹什麼？

沒有弄錯！這是個傳統呀！

按照過去舜、禹繼位時的傳統，繼位者總要推讓一下，以示謙恭。益只是暫時避居於箕山腳下……

不過你這一推讓，就真的把共主之位推掉啦！

胡説八道！

你別激動，史書的確是這樣寫的，禹雖然表面上傳位於你，但暗中扶植自己兒子啟的勢力……

不明白你們在幹什麼！快給我滾！

喔！

刺客在哪裏？

別裝好漢了！趁援兵未到，我們快快離開此地。

安全了，我們也就此告別了！

# 歷史文化知多點

## 禪讓制

### 什麼是禪讓制？

在中國的上古時期，部落聯盟的共主在世的時候，便會選定一個繼任人，並把統治權讓給他，共主與繼任人沒有血緣關係，這種變更統治者的方式稱為禪讓制。「禪」的意思是祭禮，共主會舉行隆重的祭祀儀式，向天神推薦自己所選的繼任人，使他的地位得到承認。

共主採用禪讓制，不把統治權力當作是一家私有，目的是要選出賢能的人來管治部落聯盟，但此制度在禹之後成為絕響。

## 為何舜會得到堯讓位？

傳說舜帝是顓頊的六世孫。舜的父親眼睛瞎了，而母親在他年幼時已經去世。後來父親再娶了一個妻子，生了弟弟象。舜十分孝順父親，對繼母和弟弟亦關懷備至。二十歲時，舜的孝名已經傳遍天下。堯想知道舜能否擔任自己的繼任人，於是用各種方法考驗他，舜一一通過考驗。堯很滿意，更將娥皇、女英兩個女兒嫁給他。

舜得到堯的賞識，父親和繼母卻妒忌舜，想把他殺害。有一次，父親吩咐舜挖井，當舜挖到深處，父親和象便把土往井裏倒，想把舜活埋。

父母和象都以為舜死了，象於是搬到舜的家中，並彈起舜的琴。但不久，舜卻回來了，原來他在地底挖了一條暗道通往外面。象吃了一驚，馬上假惺惺地説：「我很想念你，正傷心得很呢！」舜答道：「是嗎？你真是我的好弟弟啊！」事後，舜仍然十分孝順父母，愛護弟弟。後來，堯便把共主之位禪讓給舜。

### 禪讓制的結束

堯傳位予舜，舜傳位予禹，到禹年老後，也按照傳統的禪讓制，指定益作為繼任人。禹死後，益便繼承了部落聯盟共主的位置。

至於為何最後由禹的兒子啟繼位，歷來有多種說法。一說是啟積極與各部落建立關係，累積強大的實力，最後率領部下擊敗益，奪取其位；也有說是各部落懷念禹的功德，因此擁戴啟為共主。

無論如何，在禹之後，共主之位不再禪讓，而是由家族中的子孫和族人繼承，這種以血緣傳位的世襲制取代了禪讓制。

## 想一想

要選出賢明的統治者，你認為採用禪讓制和世襲制哪個方法會較合適？

# 第八回

# 啟奪權位

別鬧了！你們快
看看那邊！

唉，終於還是打起來了！

不聽勸告的傢伙……

這位益老兄能打贏嗎？

A博士，結果如何？

益和啟打了一場大戰，結果益戰敗被俘。

大膽反賊，竟敢謀劃弒君奪位？

143

我們來警告你，千萬不可做歷史的罪人。

你若殺了益，自己做皇帝，那就親手結束了「禪讓制」，進入父傳子的「世襲制」。

禪讓制雖然並非最好的制度……

但也比世襲制強，你明白我的意思嗎？

不明白你在胡說什麼！

來人呀！

屬下在！

還呆呆的幹什麼？

快抓住他們！

啟大人，這幾個傢伙不好惹。

上次突襲失敗，就是栽在他們的手上。

哦？原來這幾位是貴賓！人來，備酒席！

A博士，此人前倨後恭的，到底想幹什麼？

我們要小心他，他為了權位會非常兇殘！

請！請上座！

145

我先敬各位一杯！

嘿嘿……

神龜，你就陪啟大人喝一杯吧！

好酒！

呃！

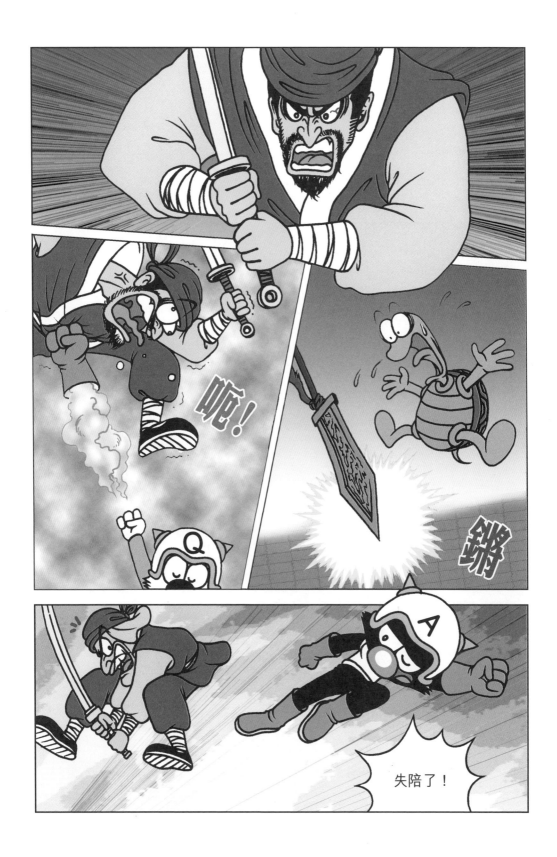

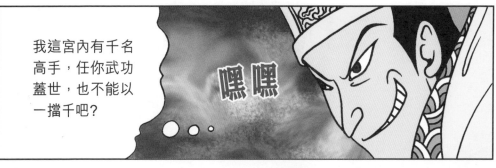

我這宮內有千名高手，任你武功蓋世，也不能以一擋千吧？

嘿嘿

我先告辭了！

你們慢慢玩吧！

別走！

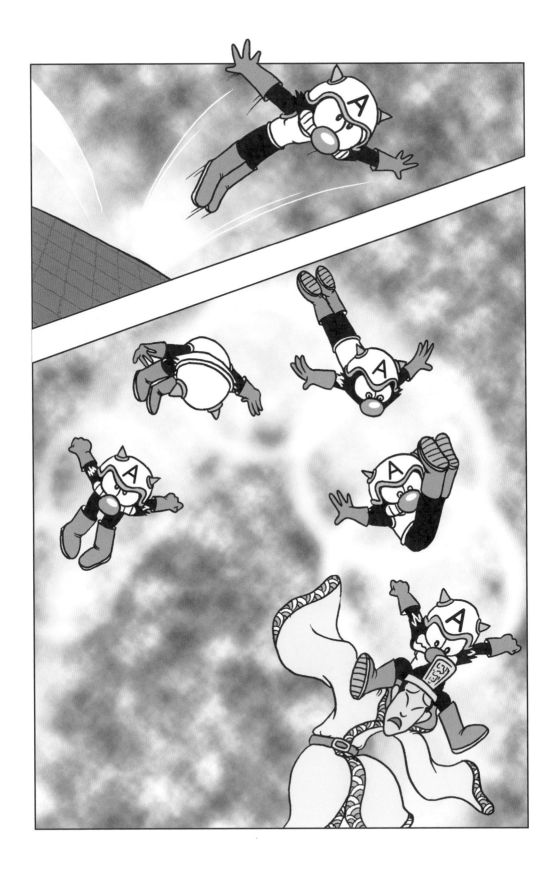

我們要走了。你要記住「剃人頭者，人亦剃其頭」，好自為之吧！

A博士，他會照你的忠告，不用世襲制嗎？

歷史的大方向是改變不了的，但如果他能善待人民，少開殺戒，也算不錯的了。

現在我們去哪裏？

# 歷史文化知多點

## 華夏文化與家天下

### 「華夏」文化

中國文化常被稱作華夏文化，一説與夏朝有着極大的關係。夏朝的統治者認為自己建立了一個中央大國，文化水平遠較周邊的部落高。而「夏」有「中國之人」的意思，「華」是指繁榮，「華夏」合起來就是文化繁榮的中央大國。久而久之，「華夏」便成為了中華民族的代名詞。

### 家天下的開始

啟繼承父親禹的共主之位，遭受到其他部落的反對，其中一個名叫有扈氏（扈，粵音戶）的部落很不服氣。他們認為堯、舜、禹三代共主都是採用禪讓的方式，但啟卻破壞了這個傳統，因此反對啟的統治。

啟為了維護權位，親自率軍討伐有扈氏。作戰之前，啟舉行誓師儀式，説滅有扈氏是奉行天意，士兵聽到後士氣大振，奮勇殺敵。有扈氏抵擋不住啟的猛烈攻勢，結果整個部落被消滅了。啟得以鞏固自己的統治，建立夏朝，中國從此開始了王位世襲、家天下的制度。

### 中國第一個王朝

現今一般認為夏朝是一個部落聯盟形式的國家。相傳禹繼位後，會合各方諸侯，將中國分為九州，制定貢賦的制度，君王與諸侯分而治之，因此也有人認為封建制度起源於夏朝。

考古學家認為在河南、山西出土的二里頭文化，可能就是夏文化。據出土文物所反映，夏朝的文明程度高於新石器晚期文化。夏的農業已有相當高程度的發展，人們積極探索出農事與季節的規律，以安排農業生產。總括來說，夏朝是中國歷史上一個劃時代的王朝。

想一想

「家天下」的制度在中國歷史上維持了一段很長時間。你認為由一個家族世襲權位，有什麼好處和壞處呢？

▌約公元前 6000 年至公元前 5000 年
磁山文化在河北、河南省一帶形成，
是世界上最早的家雞飼養地。

▌約公元前 2800 年
龍山文化主要分布在黃河
流域的中、下游地區，龍
山人主要從事農耕，農具
發展有很大的進步。

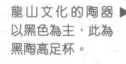

龍山文化的陶器 ▶
以黑色為主，此為
黑陶高足杯。

▌約公元前 2700 年
黃帝打敗蚩尤，聯合炎帝部
落，成為共主。

**約公元前 5000 年至公元前 3000 年**

仰韶文化主要分布在黃河流域的中、上游地區，出土的陶器上有不同色彩和圖案，因此又被稱為「彩陶文化」。

**約公元前 4500 年至公元前 3000 年**

紅山文化在內蒙古和遼寧一帶形成，紅山人擅長製作動物形狀的玉器。

紅山人製造的玉器精巧， ▶
此為鳥形玉佩。

**約公元前 22 至 21 世紀**

堯禪位予舜；舜派禹治水，後禪位予禹。

| 遠古時代 |
| --- |
| 夏<br>（公元前 2070 年至公元前 1600 年） |
| 商<br>（公元前 1600 年至公元前 1046 年） |
| 西周<br>（公元前 1046 年至公元前 771 年） |
| 春秋<br>（公元前 770 年至公元前 403 年） |
| 戰國<br>（公元前 403 年至公元前 221 年） |
| 秦<br>（公元前 221 年至公元前 206 年） |
| 漢<br>（公元前 206 年至公元 220 年） |
| 三國<br>（公元 220 年至 280 年） |
| 西晉<br>（公元 266 年至 316 年） |
| 東晉<br>（公元 317 年至 420 年） |
| 南北朝<br>（公元 420 年至 589 年） |
| 隋<br>（公元 581 年至 618 年） |
| 唐<br>（公元 618 年至 907 年） |
| 五代十國<br>（公元 907 年至 979 年） |
| 北宋<br>（公元 960 年至 1127 年） |
| 南宋<br>（公元 1127 年至 1279 年） |
| 元<br>（公元 1279 年至 1368 年） |
| 明<br>（公元 1368 年至 1644 年） |
| 清<br>（公元 1644 年至 1912 年） |

**中國歷史大冒險 ①**

**神話年代**

作　　者：方舒眉
繪　　圖：馬星原
責任編輯：陳志倩
美術設計：陳雅琳
出　　版：新雅文化事業有限公司
　　　　　香港英皇道 499 號北角工業大廈 18 樓
　　　　　電話：（852）2138 7998
　　　　　傳真：（852）2597 4003
　　　　　網址：http://www.sunya.com.hk
　　　　　電郵：marketing@sunya.com.hk
發　　行：香港聯合書刊物流有限公司
　　　　　香港荃灣德士古道220-248號荃灣工業中心16樓
　　　　　電話：（852）2150 2100
　　　　　傳真：（852）2407 3062
　　　　　電郵：info@suplogistics.com.hk
印　　刷：Elite Company
　　　　　香港黃竹坑道65號志昌行中心25樓D室
版　　次：二〇一九年一月初版
　　　　　二〇二二年三月第三次印刷

ISBN: 978-962-08-7181-8
©2019 Sun Ya Publications (HK) Ltd.
18/F, North Point Industrial Building, 499 King's Road, Hong Kong
Published in Hong Kong
Printed in Hong Kong

P.158-159文物圖片來源：
台北國立故宮博物院：故宮OPEN DATA專區
(https://theme.npm.edu.tw/opendata)